RIFLESSIONI DI TERESA - I

IL VENEZUELA, IL PAPA E ALTRO ANCORA

TERESA DI SCLAFANI DE NASCA

TecnoTur
Publishing

Is there a book inside you?

INDICE

Riflessioni di Teresa - I

Il Venezuela, il Papa e altro ancora

Pubblicato da Editorial TecnoTur

Impaginazione di Allan Tépper

ISBN della versione cartacea con copertina morbida:

979-8-9934183-2-2

ISBN della versione elettronica (*ebook*):

979-8-9934183-3-9

Dedico quest'opera a:

- Mio figlio, il professor Carlos Sayas Torres, nato da un miracolo. Un abbraccio e un bacio dalla tua mamma che ti vuole tanto bene.
- I miei figli Toni ed Enzo.
- I miei tre nipoti, Salvatore Jesús, Enzito e Salvatore Antonio.

Baci a tutti…

STORIA CONTEMPORANEA
DEL VENEZUELA

CAPITOLO 1
STORIA CONTEMPORANEA DEL VENEZUELA

La grande combattente María Corina Machado passerà alla storia. Era la nipote del signor Machado, un imprenditore e lavoratore che scoprì che con il grasso del maiale si poteva produrre il burro «Los Tres Cochinitos». Quest'uomo dal carattere forte e molto umano, sempre preoccupato per i poveri, ai quali regalava il suo burro, fondò una grande azienda. I genitori di María Corina ereditarono l'azienda «Los Tres Cochinitos», come si chiamava allora, che ora vende in tutti i Paesi a prezzi bassi, alla portata di tutti.

Parliamo della coraggiosa Corina, sposata e madre di due ragazzi, che ha preferito mandare con il marito fuori dal Venezuela, per avere una vita migliore e più sicura. Ha studiato ingegneria industriale e si è sacrificata per il suo

Paese. Quando ha visto che le sue coraggiose politiche superavano le barriere, si è preparata a continuare la sua lotta politica per il Venezuela.

Da quando Chávez è entrato in carica nel 1989, sono già molti anni di resistenza. Chávez non era apparentemente cattivo, ma ha ipotecato il Paese fino al 2030 e non si sa fino a quando, perché non è stato ancora pagato un centesimo. Vedendo l'impossibilità di rimanere in Venezuela, è fuggito a Cuba. Ecco i fatti: Chávez ha fatto un colpo di Stato con diversi militari, ma ha fallito. Tuttavia Caracas ha subito i disastri della guerra. A Maracaibo c'era un cardinale che è rimasto nel governo perché Chávez è tornato.

Il signor Caldera, essendo presidente, era il suo padrino. Non lo censurava anche se aveva fatto un colpo di Stato e apparteneva al Forum di San Paolo, cosa che tutti sapevano. Ma i venezuelani, stanchi della politica da quattro soldi, lo consideravano un successore del generale Pérez Jiménez. Votarono per lui e Fidel Castro lo aiutò a prendere il potere in Venezuela finché gli fece comodo, poiché lui gli forniva petrolio e denaro. Quando Chávez smise di inviargli petrolio e denaro, c'era il signor Maduro, di origine colombiana e istruito a Cuba. A lungo termine era più conveniente per loro.

· · ·

Chávez, vedendo che Fidel apparentemente lo voleva, andò a Cuba e lasciò Maduro. Fidel si occupò di sistemare Chávez a suo piacimento e così, dopo molto tempo, tornò il signor Chávez, che poco dopo morì. Era irriconoscibile, grasso, gonfio, come si vedeva in televisione. Tutti si sono chiesti cosa fosse successo a Chávez a Cuba e ancora oggi è un mistero.

Dal periodo di Chávez, Corina ha iniziato a scontrarsi prima con Chávez e poi con Maduro, che è peggiore del primo. Ha subito minacce e per diverse volte ha rischiato di essere uccisa. Le hanno teso delle imboscate, ma Dio l'ha sempre salvata. È impossibile fare campagna elettorale, ma Corina, nelle sue campagne molto pericolose, va sempre sui camion, anche se le rendono impraticabile la strada per impedirle di arrivare sul posto. Ma la politica di Corina arriva in ogni angolo del Venezuela.

Il signor Cabello l'ha squalificata per quindici anni dall'elezione a presidente, ma Corina continua a lottare per il Venezuela, senza paura, cercando nuove persone che possano diventare presidenti. Purtroppo tutti hanno paura del signor Maduro, ma all'ultimo momento, il 28 luglio, si trova il signor González, che ha molta esperienza avendo lavorato in diverse ambasciate durante il mandato del signor Chávez. Non sono riusciti a squalificarlo perché non hanno avuto tempo, questa è la realtà, ma purtroppo non occupa ancora la presidenza della Repubblica Bolivariana del Venezuela.

. . .

González è ben accetto in tutti i Paesi come presidente, tranne in quelli comunisti. Per questo è in esilio in Spagna con il consenso del presidente spagnolo. È un uomo molto rispettato, insieme a tutta la sua famiglia. Cosa ne sarà di lui? Domani sarà un altro giorno e si vedrà.

Che fine ha fatto Corina Machado? È nell'ambasciata argentina, protetta dal Brasile. Le tolgono la luce in continuazione e lei rimane con le candele. Riducono i pasti giornalieri per non rimanere senza cibo, perché ci sono sei persone che la accompagnano, ma è al sicuro fino a quando il signor Maduro se ne andrà. Non si sa ancora quando, potrebbero volerci anni, mesi o giorni. Questo è stato il destino di quella grande donna chiamata Corina Machado, la donna dell'anno che ha lasciato un segno nel mondo. Da qui, dagli Stati Uniti d'America, le dico: «Tieni duro, Corina. Il futuro sarà migliore».

PAPA FRANCESCO E IL VENEZUELA

CAPITOLO 2
PAPA FRANCESCO E
IL VENEZUELA

n Venezuela, tutti uniti in una sola voce, chiamano Papa
Francesco, che non si è ricordato né dei venezuelani, né
dei cubani, né dei nicaraguensi. Pensa solo al comunismo e dico che è questo che porta il denaro sporco in Vaticano. Ha sempre chiesto pazienza ai cubani, mentre abbracciava i Castro. Non ha mai avuto una parola per i venezuelani né per i cubani. Né una parola per Machado, che è una grande donna di lotta, né per i prigionieri che vengono picchiati con le pietre.

Questo è il vero volto di Papa Francesco: non chiedere perdono per tanti cardinali che violano le regole. In Canada, vicino al convento, ci sono 4.200 giovani che sono stati violentati e nessuno ha chiesto perdono. Io, Teresa Di Sclafani De Nasca, lo dico con molta cognizione di causa. Ho conosciuto

Papa Giovanni XXIII, che era molto buono, e Papa Giovanni Paolo II. È venuto due volte in Venezuela, nello Stato di Portuguesa, e la gente non riusciva a entrare nello Stato.

Le elezioni si sono tenute il 28 luglio 2024 e ancora oggi il signor González non è presidente, è in esilio in Spagna. Non ha mai detto nulla, ma abbracciava Chávez e Maduro.

Quando morì Papa Giovanni XXIII, nominarono un Papa che rimase in carica per ventiquattro anni. Ora qualcuno bussa alle loro porte con una tazza in mano. Quel Papa era morto e nessuno sapeva cosa fosse successo. Cento anni fa un Papa scomunicò i massoni e quei massoni rovesciarono lo stesso Papa. Ne arrivò un altro che revocò la scomunica. Non lo dico io, lo dice un libro.

IL MIO BISNONNO

_____

_____

_____

_____

_____

_____

_____

_____

_____

_____

_____

CAPITOLO 3
IL MIO BISNONNO

Il mio bisnonno Lucio Orfanello studiò per diventare prete, ma una volta completati gli studi avanzati, abbandonò la tonaca. Questo fatto è verificabile ed è avvenuto a Cefalù, in provincia di Palermo, nella regione Sicilia, in Italia. Lavorò per quarant'anni alle poste come telegrafista e in banca. Dormiva nella stessa sede delle poste, durante la prima guerra mondiale. Le famiglie gli dicevano che stava aspettando notizie dei figli.

Morì quando io non camminavo ancora. Dopo la sua morte, andai a salutare sua figlia Ignacia, qui negli Stati Uniti.

Si sposò, ebbe quattro figlie e due figli, uno dei quali morì. Una di quelle figlie era mia nonna, nata nel 1890 e morta nel

1972. Mia madre mi raccontava sempre che il nonno diceva loro: «Andate a messa e non entrate in sacrestia».

Ho conosciuto il parroco Sagona nel mio paese, Alia, a Palermo, in Sicilia. Era un prete e suo fratello era un mafioso. Quest'ultimo violentò una ragazza di sedici anni. Nascosero la cosa e lei ebbe un figlio che divenne parroco, padre Gibino, che mi sposò nel 1959. Nascosero i familiari e li portarono in campagna, facendo credere che il bambino fosse nato dalla sorella e suo marito. Ma tutto il paese lo seppe perché portarono una levatrice di nome Doña Agustina e lei non lo nascose a nessuno, ne parlò come se fosse una cosa normale.

L'ho conosciuta quando avevo undici anni, quando sono andata a imparare a ricamare. La signora Manina era lì accanto, che voleva sapere cosa succede in Chiesa. Nessuno può nascondere i problemi della Chiesa, non è colpa sua.

I MIRACOLI CHE HO RICEVUTO

———

———

———

———

———

———

———

———

———

———

———

CAPITOLO 4
I MIRACOLI CHE
HO RICEVUTO

Ho ricevuto sette miracoli in totale, ho persino un figlio, un grande professionista della cardiologia, che è nato da un miracolo. Mi è apparso due volte all'aeroporto di Caracas. Si era già laureato, come risulta dal mio diario alle pagine 43 e 44.

Cinquantasette anni fa mio figlio minore aveva un anno e aveva la febbre che non scendeva in alcun modo. A mezzanotte è morto. Avevo ventisette anni, e un bambino morto tra le braccia. Ho invocato il dottor José Gregorio Hernández e dopo mezz'ora è tornato in vita. Andammo alla Clinica Calicanto perché vivevamo a Maracay. Aveva 43 di febbre e lo misero in una vasca con acqua e ghiaccio. Il giorno dopo aveva delle piaghe in bocca. Mio figlio Toni aveva sette anni e suo cugino otto.

· · ·

Con le mie due cognate che vivono a Maracay e che sono ancora vive, abbiamo portato una targa nel luogo dove è nato e una a Caracas, dove è sepolto il dottor José Gregorio Hernández. In seguito gli stregoni hanno lavorato con il suo spirito e il Papa non ha riconosciuto i suoi miracoli. Nel 2021 una ragazza ebbe un incidente e le si formò un tumore alla testa, ma lei guarì. Il Papa, vedendo ciò, fece beato José Gregorio Hernández.

Nel mio paese, Alia di Palermo, in Sicilia, Italia, ho fatto il santo ed è stato presentato il 18 giugno 2023 dal parroco Antonio Vicari.

Il 23 dicembre ho organizzato un pranzo e il 24 pomeriggio dovevamo andare a casa della famiglia di mio marito. Abbiamo preso le valigie dal corridoio e ci siamo dimenticati del pranzo. A cento chilometri di distanza mi sono ricordata del pranzo e ho detto a mio marito: «Cosa vuoi fare?» Mi ha risposto: «Chiamerò il signor Idalgo». Gli ha detto che avevamo dimenticato il pranzo e che poteva mangiarlo lui.

Al ritorno, l'avvocato e teologo Gastón Saldivia mi disse: «Non siete stati voi a dimenticarlo, è stato Dio a farvelo

dimenticare. Lui non sta lavorando e nemmeno la signora».
Aveva persino promesso di andare a piedi a Caracas, trecen-
tocinquanta chilometri di cammino. Racconta ai vicini che è
arrivato con i piedi sanguinanti.

Nel 1994 Caldera divenne presidente e lo nominò direttore
dello sport. Il primo viaggio che fece fu in Perù. C'era un'a-
zienda che produceva maglie con la scritta Nasca, e me ne
portò una. Salì e mi disse: «Vi porto un piccolo regalo». Gli
risposi: «Per me è molto importante e la conserverò come
ricordo».

In un altro miracolo abbiamo conosciuto Monsignor Juan
Portuchese, che era stato per molti anni in Polonia con Papa
Giovanni Paolo II, che all'epoca non era ancora Papa. È
venuto a Barquisimeto, in Venezuela, e ha costruito la Chiesa
di Fatima, molto bella. Nel 1999 vivevamo lì vicino e
avevamo qualche problema sul lavoro, perché la gente non
pagava i propri debiti. Dissi a mio marito: «Andiamo a reci-
tare il Santo Rosario con Monsignore». Quel giorno eravamo
soli e poi la pianura si riempì di gente. Mio marito non amava
la messa, ma da quando conobbe Monsignore, non mancava
mai di essere presente a quella della domenica.

Aveva il braccio destro santo e guariva molte persone. C'era
la signora Asunción, portoghese, che conoscevo da quaran-

t'anni. Arrivava sempre prima di me. Quando arrivavo, le
dicevo: «Asunción, alzati. Questo posto è di Doña Teresa».

L'UFFICIO DI ORLANDO

———

———

———

———

———

———

———

———

———

———

———

CAPITOLO 5
L'UFFICIO DI ORLANDO

Mio figlio era già nel settore dei ricambi a Orlando e disse a suo padre che non aveva tempo per occuparsi delle importazioni. A quel tempo era necessario importare al porto di *Miami* e l'azienda aveva un unico distributore, che era Requieca. Mio marito voleva vendere l'azienda a mio figlio Enzo. Io dissi loro: «L'azienda non si vende. Io vado a *Miami*». Comprai il biglietto, ma la domenica dovevo partire e avevo un forte mal di schiena. Dissi a mio marito: «Andiamo da Monsignore». Questi mi tolse il mal di schiena e poi mi diede una pacca sulla schiena e mi disse: «Doña Teresa, andate, andrà tutto bene».

Sono scesa dall'auto davanti al primo hotel che ho visto. All'epoca costava 130 dollari e non potevo permettermelo. Ho cercato l'elenco telefonico e ho visto che a *Coral Gables* era più centrale e costava 60 dollari. Sono andata direttamente all'-hotel e mi hanno dato una camera molto grande, con frigorifero, macchina per il caffè, tostapane, un tavolo e due sedie. Mi facevano il conto al mattino e la sera potevo mangiare in camera. A tre isolati c'era un negozio chiamato «Navarro» e a mezzogiorno potevo mangiare nel ristorante dell'hotel, che era buono.

Ho cercato un avvocato per costituire le società e una volta create, ha inserito i loro indirizzi. Il problema era che l'ufficio era *in vendita*. Sono scesa a piedi, ho chiamato e mi hanno chiuso la porta in faccia. Sono arrivata in hotel e ho chiesto al proprietario: «Sa dove posso affittare un ufficio?» «Non lo so», mi ha risposto, ma poi ci ha pensato su e mi ha portato dall'amministratore. Abbiamo concordato che c'era un piccolo spazio tra i locali commerciali e il corridoio che costava 1.800 dollari per sei mesi.

Ho pagato e sono andata a comprare un fax, una scrivania e una sedia. Il fax me l'ha installato l'amministratore, che aveva una grave flebite a una gamba. Me l'ha installato sul pavimento e ho iniziato a passare i fogli. L'azienda mi chiamava dicendo che i fogli erano duplicati e che non li vedevano graduati. Sono andata alla reception e c'erano due peruviani che me lo hanno graduato. Uno di loro è ancora lì.

ALLA RADIO

_____

_____

_____

_____

_____

_____

_____

_____

_____

_____

_____

ALLA RADIO

I libri di Teresa Di Sclafani De Nasca sono protagonisti alla radio *CapicúaFM*, che può essere ascoltata in tutto il pianeta Terra su CapicúaFM tramite CapicúaFM.com e le principali applicazioni di podcasting.

INFORMAZIONI SULL'AUTRICE

———

———

———

———

———

———

———

———

———

———

———

L'AUTRICE

Teresa Di Sclafani De Nasca è nata in Italia. Ha vissuto anche in Venezuela e negli Stati Uniti.

ALTRE OPERE DI TERESA DI SCLAFANI DE NASCA

———

———

———

———

———

———

———

———

———

———

ALTRE OPERE DI TERESA DI SCLAFANI DE NASCA

- *Il mondo secondo Teresa Di Sclafani*
- *Il diario di Teresa Di Sclafani*
- *La mafia secondo Teresa Di Sclafani*
- *Racconti della Nonna - I*
- *Racconti della Nonna - II*

Ciascuno è disponibile in castilgliano,
in inglese e in italiano.

www.ingramcontent.com/pod-product-compliance
Lightning Source LLC
Chambersburg PA
CBHW040905120626
46551CB00006B/660